AF222010

škola - اسکول	2
putovanje - سفر	5
transport - نقل وحمل	8
grad - شہر	10
krajolik - منظر	14
restoran - ریسٹورنٹ	17
supermarket - سُپرمارکیٹ	20
piće - مشروبات	22
jelo - کھانےکی اشیاء	23
seosko imanje - کھیت	27
kuća - مکان	31
dnevni boravak - لوونگ روم	33
kuhinja - باورچی خانہ	35
kupatilo - غُسل خانہ	38
dječija soba - بچوں کا کمرہ	42
odjeća - لباس	44
ured - دفتر	49
ekonomija - معیشت	51
zanimanja - پیشے	53
alat - اوزار	56
muzički instrumenti - آلات موسیقی	57
zoološki vrt - چڑیا گھر	59
sport - کھیلیں	62
aktivnosti - سرگرمیاں	63
porodica - خاندان	67
tijelo - جسم	68
bolnica - بسپتال	72
hitna pomoć - بنگامی صورتحال	76
Zemlja - زمین	77
sat - کلاک	79
sedmica, nedjelja - ہفتہ	80
godina - سال	81
oblici - اشکال	83
boje - رنگ	84
suprotnosti - مخالف	85
brojevi - اعداد	88
jezici - زبانیں	90
ko / šta / gdje - کون / کیا / کیسے	91
gdje - کہاں	92

Impressum
Verlag: BABADADA GmbH, Nedderfeld 112 , 22529 Hamburg
Geschäftsführer / Verlagsleitung: Harald Hof
Druck: Books on Demand GmbH, In de Tarpen 42, 22848 Norderstedt

Imprint
Publisher: BABADADA GmbH, Nedderfeld 112 , 22529 Hamburg, Germany
Managing Director / Publishing direction: Harald Hof
Print: Books on Demand GmbH, In de Tarpen 42, 22848 Norderstedt, Germany

I

škola
اسکول

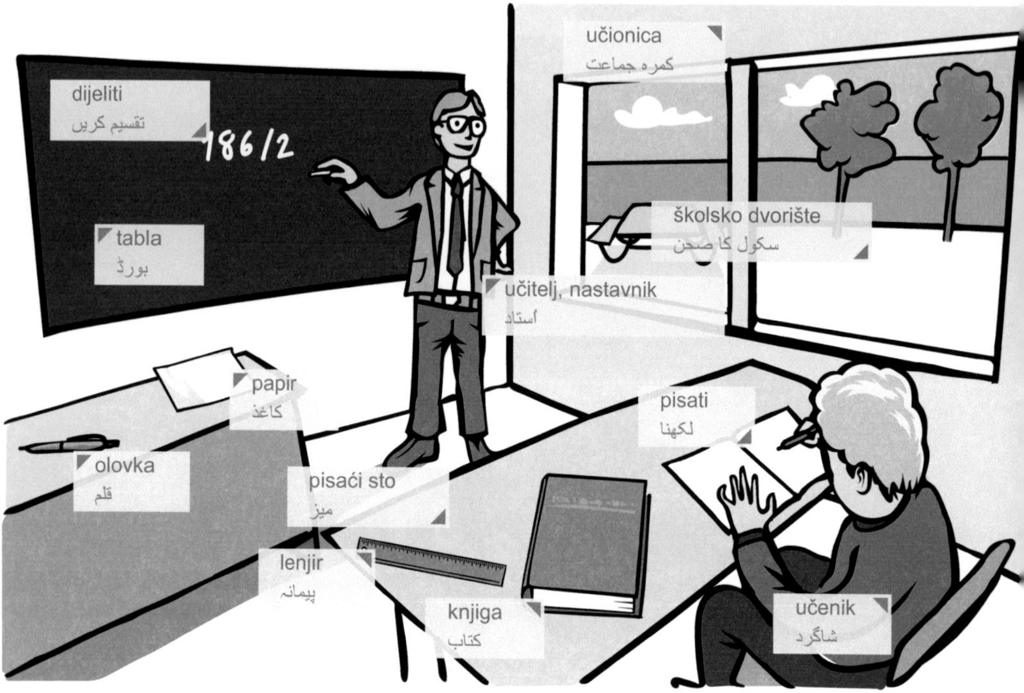

učionica
کمرہ جماعت
dijeliti
تقسیم کریں
186/2
tabla
بورڈ
školsko dvorište
سکول کا صحن
učitelj, nastavnik
اُستاد
papir
کاغذ
pisati
لکھنا
olovka
قلم
pisaći sto
میز
lenjir
پیمانہ
knjiga
کتاب
učenik
شاگرد

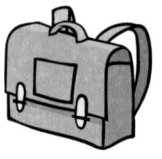

torba

بستہ

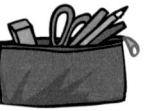

pernica

پینسل کیس

drvena olovka

پینسل

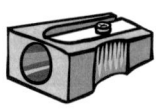

šiljalo za olovke

پینسل شارپنر

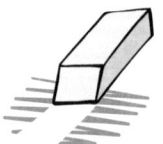

gumica

ربڑ

blok za crtanje

ڈرائنگ پیڈ

crtež

ڈراننگ

kist

پینٹ برش

kutija s bojama

پینٹ باکس

makaze

قینچی

ljepilo

گوند

vježbanka

مشق کی کاپی

domaća zadaća

ہوم ورک

broj

ہندسہ

sabirati

جمع کریں

oduzimati

منفی کریں

množiti

ضرب دیں

računati

شمار کریں

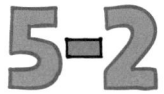

slovo

خط

abeceda

حروف تہجی

riječ

لفظ

tekst

متن

čitati

پڑھنا

kreda

چاک

sat

سبق

školski dnevnik

اندراج

ispit

امتحان

svjedočanstvo

سند

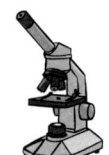

školska uniforma

سکول یونیفارم

izobrazba

تعلیم

leksikon

انسائیکلوپیڈیا

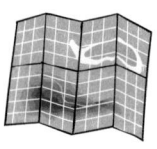

univerzitet

یونیورسٹی

mikroskop

خورد بین

karta

نقشہ

korpa za papir

ویسٹ پیپر باسکٹ

putovanje
سفر

hotel
ہوٹل
Grand
hostel
ہاسٹل
ROOMS
EXCHANGE
mjenjačnica
رقم تبدیل کرانے کیلئے دفتر
kofer
سوٹ کیس
auto
کار

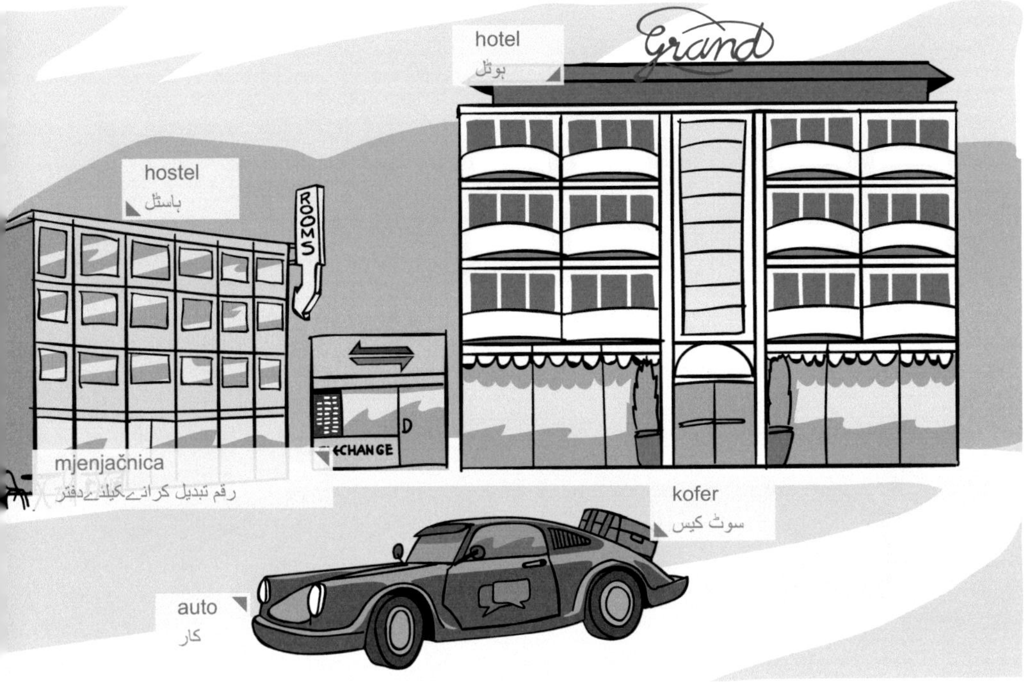

jezik
زبان

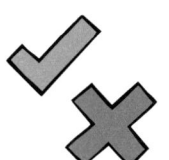

da / ne
ہاں / نہیں

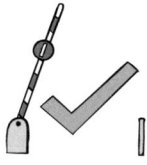

okej
ٹھیک ہے

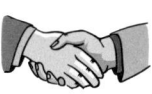

zdravo
ہیلو

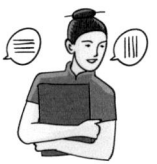

tumač
مُترجم

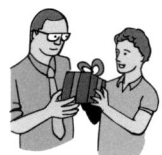

hvala
شُکریہ

Koliko košta...?

؟ـے کی کیا قیمت ہے ----

Ne razumijem

میں نہیں سمجھتا

problem

مشکل

dobro veče!

!شام بخیر

Dobro jutro!

!صبح بخیر

Laku noć!

!شب بخیر

doviđenja

الوداع

smjer

سمت

prtljag

سفری سامان

torba

بیگ

ruksak

بیگ پیک

gost

مہمان

soba

کمرہ

vreća za spavanje

سلیپنگ بیگ

šator

ٹینٹ

turističke informacije

سیاحوں کے لئے معلومات

plaža

ساحل

kreditna kartica

کریڈٹ کارڈ

doručak

ناشتہ

ručak

لنچ

večera

ڈنر

putna karta

ٹکٹ

lift

لفٹ

poštanska markica

مہر

granica

سرحد

carina

کسٹمز

ambasada

سفارت خانہ

viza

ویزا

pasoš

پاسپورٹ

transport
نقل وحمل

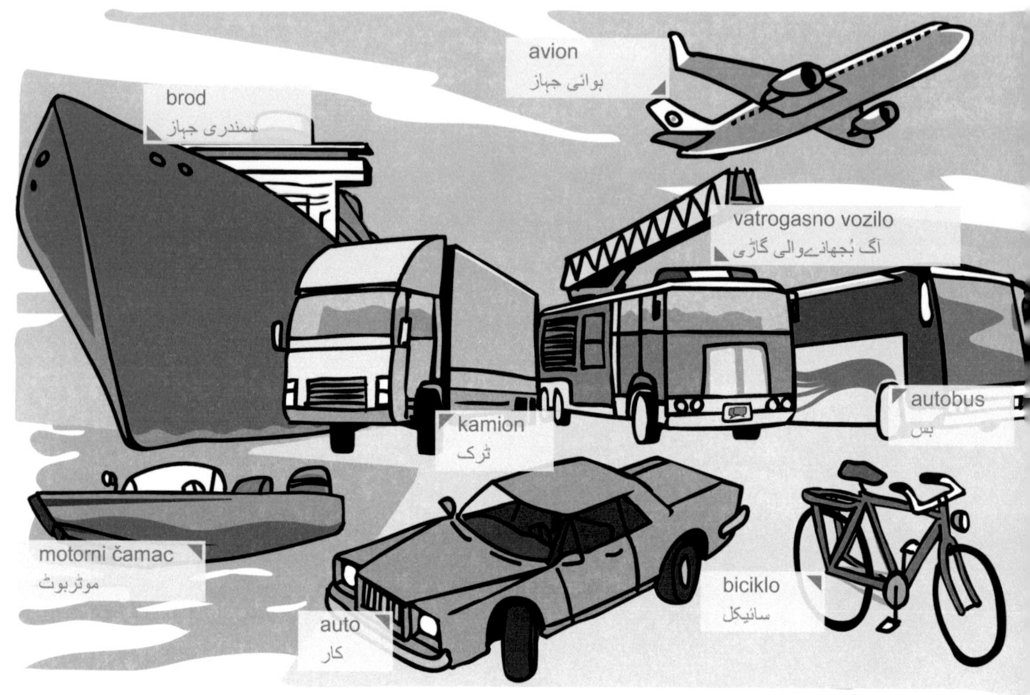
avion
ہوائی جہاز
brod
سمندری جہاز
vatrogasno vozilo
آگ بُجھانےوالی گاڑی
kamion
ٹرک
autobus
بس
motorni čamac
موٹربوٹ
auto
کار
biciklo
سائیکل

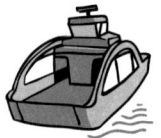

trajekt

فیری

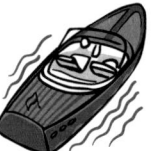

brod

کشتی

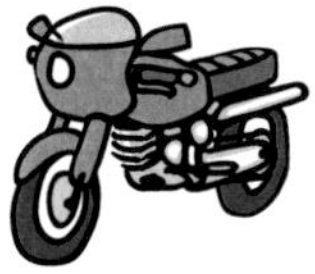

motocikl

موٹرسائیکل

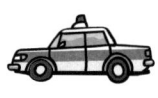

policijski automobil

پولیس کار

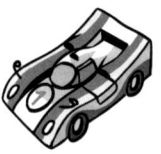

trkaći automobil

ریسنگ کار

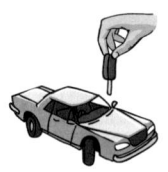

unajmljeni automobil

کرایہ پرکار

kar-šering

کار کا اشتراک کرنا

pauk

کھینچنے والا ٹرک

smećarsko vozilo

کوڑے والا ٹرک

motor

کار

gorivo

ایندھن

benzinska pumpa

پٹرول اسٹیشن

saobraćajni znak

ٹریفک کے نشانات

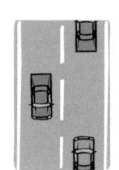

saobraćaj

ٹریفک

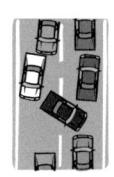

zastoj

ٹریفک جام

parking

کار پارک

željeznička stanica

ٹرین اسٹیشن

šine

پٹڑیاں

voz

ٹرین

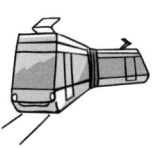

tramvaj

ٹرام

vagon

ویگن

helikopter

ہیلی کاپٹر

aerodrom

ائرپورٹ

toranj

ٹاور

putnik

مسافر

kontejner

کنٹینر

karton

ڈبہ

tačke

ریڑھا

korpa

ٹوکری

poletjeti / sletjeti

اڑان بھرنا / زمین پر اترنا

grad

شہر

selo

گاؤں

centar grada

سٹی سنٹر

kuća

مکان

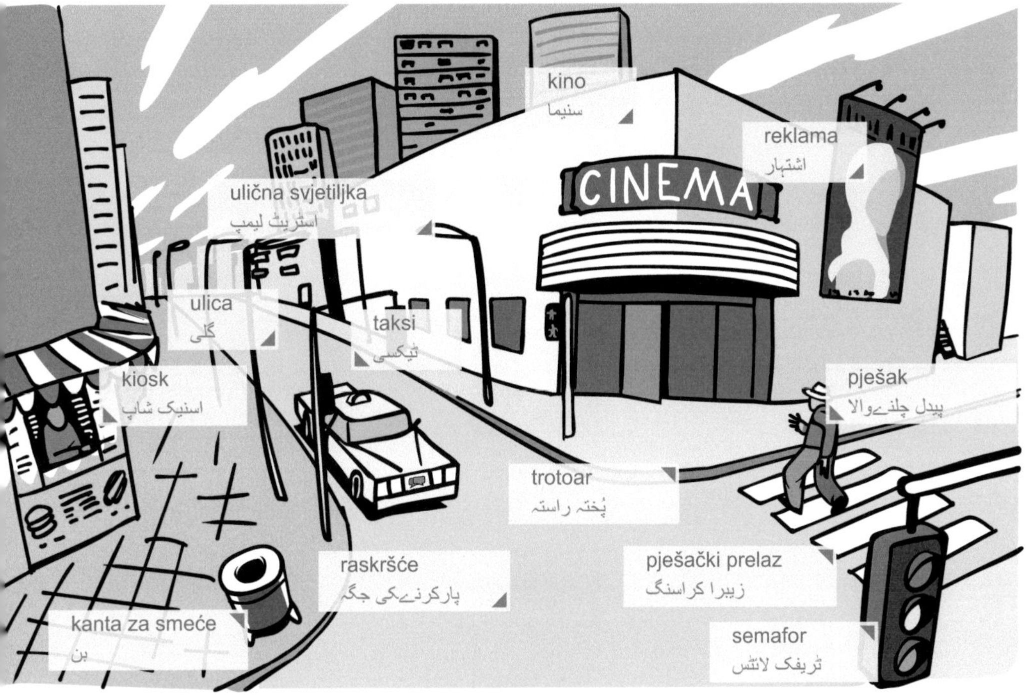

kino
سنیما

reklama
اشتہار

ulična svjetiljka
اسٹریٹ لیمپ

CINEMA

ulica
گلی

taksi
ٹیکسی

kiosk
اسنیک شاپ

pješak
پیدل چلنےوالا

trotoar
پُختہ راستہ

raskršće
پارکرنےکی جگہ

pješački prelaz
زیبرا کراسنگ

kanta za smeće
بن

semafor
ٹریفک لائٹس

koliba
بٹ

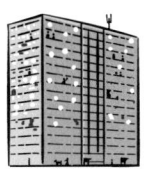

stan
فلیٹ

željeznička stanica
ٹرین اسٹیشن

vjećnica
ٹاؤن ہال

muzej
عجائب گھر

škola
اسکول

univerzitet

یونیورسٹی

banka

بینک

bolnica

ہسپتال

hotel

ہوٹل

apoteka

فارمیسی

ured

دفتر

knjižara

کتابوں کی دکان

radnja

دکان

cvjećara

پھولوں کی دُکان

supermarket

سُپرمارکیٹ

pijaca

مارکیٹ

robna kuća

ڈیپارتمنٹ سٹور

prodavač ribe

مچھلی کی دُکان

trgovački centar

شاپنگ سنتر

luka

بندرگاہ

park

پارک

klupa

بنچ

most

پُل

stepenice

سیڑھیاں

podzemna željeznica

انڈرگراونڈ

tunel

سرنگ

autobuska stanica

بس اسٹاپ

bar

شراب خانہ

restoran

ریسٹورنٹ

poštanski sandučić

پوسٹ باکس

saobraćajni znak

اسٹریٹ سائن

sat za naplatu parkinga

پارکنگ میٹر

zoološki vrt

چڑیا گھر

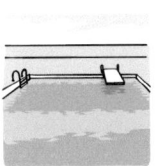

bazen

سونمنگ پول

džamija

مسجد

seosko imanje

کھیت

zagađenje okoline

آلودگی

groblje

قبرستان

crkva

چرچ

igralište

کھیل کا میدان

hram

مندر

krajolik

منظر

list
پتّہ

putokaz
رہنمائی کرنے لئے لگا ہوا بورڈ

putokaz
راستہ

livada
سبزہ زار

kamen
پتّھر

drvo
درخت

putnik
پیدل چلنے والا، بانکر

rijeka
دریا

trava
گھاس

cvijet
پھول

dolina

وادی

brdo

پہاڑی

jezero

جھیل

šuma

جنگل

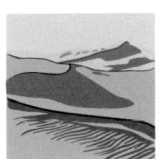

pustinja

صحرا

vulkan

آتش فشاں

dvorac

قلعہ

duga

قوس قزح

gljiva

گھمبی

palma

کجھورکا درخت

komarac

مچھر

muha

مکھی

mrav

چیونٹی

pčela

مکھی

pauk

مکڑا

buba

بھونرا

žaba

مینڈک

vjeverica

گلہری

jež

خارپُشت

zec

خرگوش

sova

الو

ptica

پرندہ

labud

راج ہنس

divlja svinja

سؤر

jelen

بَرن

los

امریکی بارہ سنگھا

brana

ڈیم

vjetrenjača

ہوا سے چلنے والی ٹُرباٸن

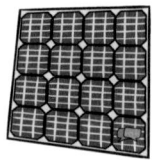

solarni modul

سولرپینل

klima

آب وہوا

restoran
ریسٹورنٹ

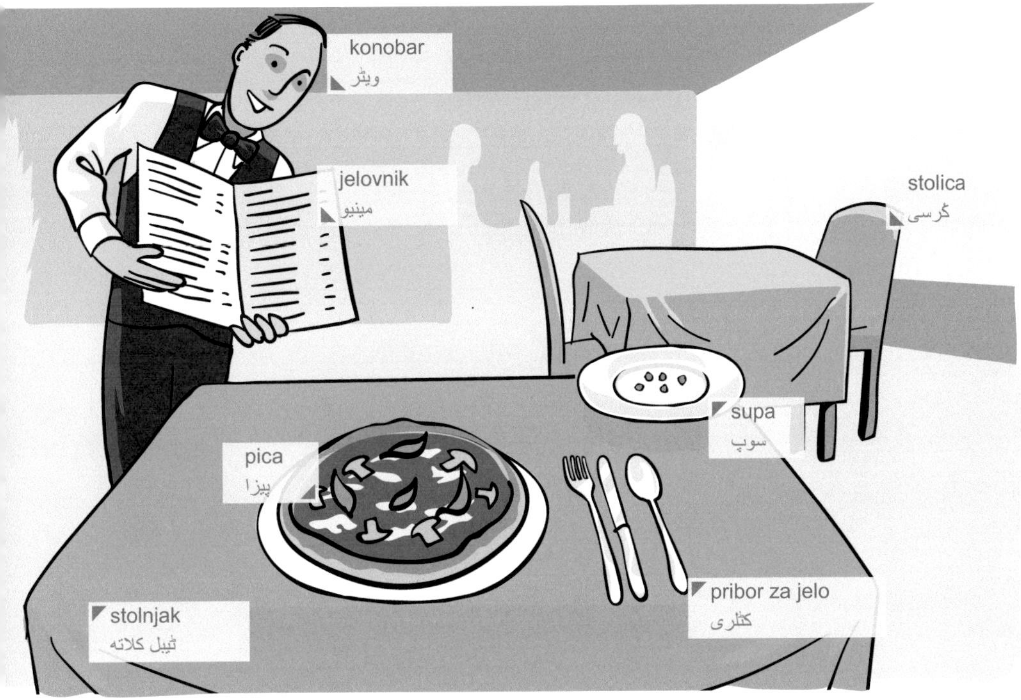

konobar
ویٹر
jelovnik
مینیو
stolica
کُرسی
supa
سوپ
pica
پیزا
pribor za jelo
کٹلری
stolnjak
ٹیبل کلاتھ

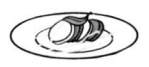

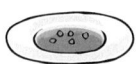

predjelo

اسٹارٹر

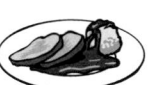

glavno jelo

مین کورس

desert

ڈیزرٹ

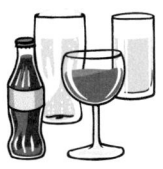

piće

مشروبات

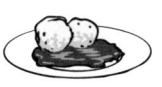

jelo

کھانے کی اشیاء

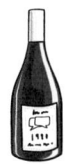

flaša

بوتل

brza hrana

فاسٹ فوڈ

jelo sa ulice

اسٹریٹ فوڈ

čajnik

چائےدانی

šećernica

شوگرباکس

porcija

حصہ

mašina za espreso

ایسپریسو مشین

barska stolica

اونچی کرسی

račun

بل

tacna

ٹرے

nož

چھُری

viljuška

کانٹا

kašika

چمچ

kašičica

چائےکا چمچ

salveta

سرووینیٹی

čaša

شیشہ

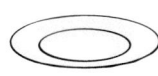

tanjir

پلیٹ

tanjir za supu

سوپ پلیٹ

tanjurić

طشتری

sos

چٹنی

solanik

سالٹ شیکر

mlin za biber

پیپرمل

sirće

سرکہ

ulje

خوردنی تیل

začini

مصالحے

kečap

کیچپ

senf

سرسوں

majoneza

مینونیز

supermarket

سُپرمارکیٹ

ponuda
خصوصی پیشکش
FOR
klijent
گاہک
mliječni proizvodi
ڈیری
voće
پھل
kolica za kupovinu
ٹرالی

BUTCHERS

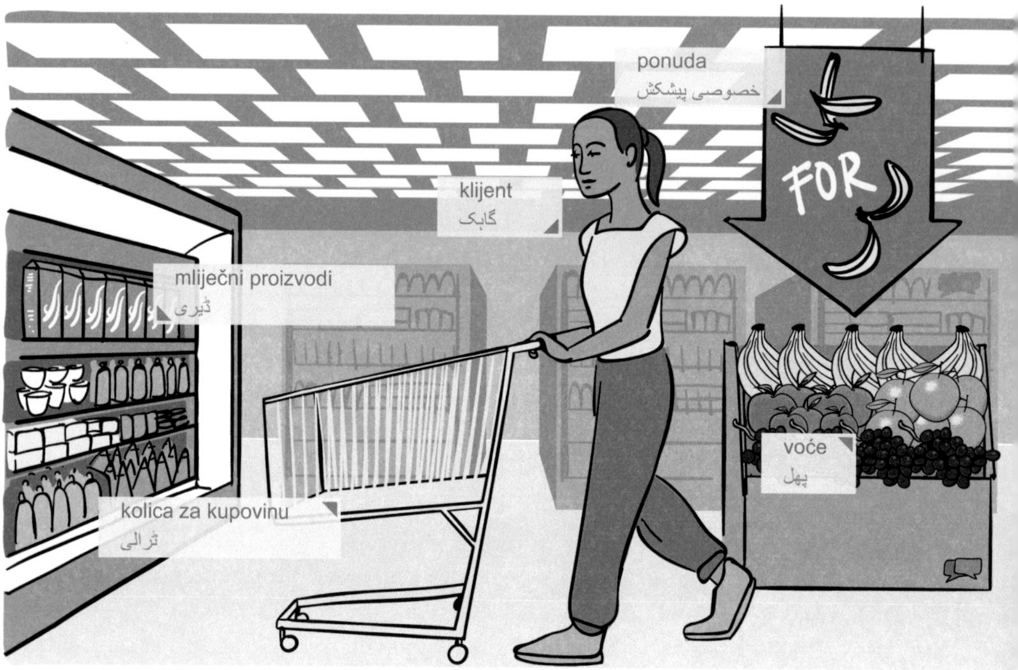

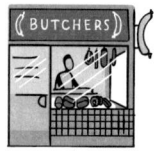

mesnica- klaonica

گوشت کی دُکان

BAKERY

pekara

بیکری

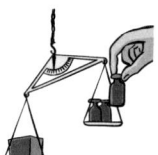

vagati

وزن کرنا

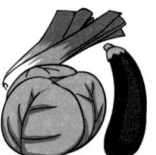

povrće

سبزیاں

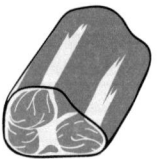

meso

گوشت

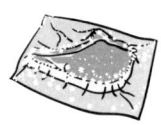

zaleđena hrana

جما ہوا کھانا

narezak

کولڈ کٹس

konzerve

ڈبے میں بند کھانا

prašak za veš

واشنگ پاؤڈر

slatkiši

مٹھائیاں

kućanski proizvodi

گھریلو مصنوعات

sredstvo za čišćenje

صاف کرنے کیلئے مصنوعات

prodavačica

سیلز پرسن

kasa

کیش رجسٹر

blagajnik

کیشنیر

lista za kupovinu

خریداری کی فہرست

radno vrijeme

اوقاتِ کار

novčanik

بٹوہ

kreditna kartica

کریڈٹ کارڈ

torba

تھیلا

najlonska vrećica

پلاسٹک کے تھیلے

voda

پانی

sok

جوس، رس

mlijeko

دودھ

kola

کوک

vino

وائن

pivo

بیئر

alkohol

الکوحل

kakao

کوکوأ

čaj

چائے

kafa

کافی

espreso

ایسپریسو

kapućino

کپاچینو

banana

کیلا

jabuka

سیب

narandža

مالٹا

lubenica

خربوزه

limun

لیموں

mrkva

گاجر

bijeli luk

لہسن

bambus

بانس

crveni luk

پیاز

gljiva

کھُمبی

orašasti plodovi

اخروٹ، بادام وغیرہ

pasta

نوڈلز

špagete

اسپیگیٹی

riža

چاول

salata

سلاد

pomfrit

چپس

pečeni krompir

تلے گئے آلو

pica

پیزا

hamburger

ہیم برگر

sendvič

سینڈوچ

šnicla

کٹلیٹ

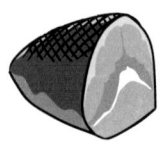

šunka

سؤرکی ران کا گوشت

kobasica

گوشت کی اطالوی ساسیج

kobasica

ساسیج

kokoš

مُرغی

pečenje

روسٹ

riba

مچھلی

zobene pahuljice

جئی کا دلیہ

muzli

میوزلی

kornfleks

کارن فلیکس

brašno

آٹا

kroason

کرونیسنت

zemičke

بریڈ رول

kruh

بریڈ

tost

ٹوسٹ

keksi

بسکٹ

maslac

مکھن

svježi sir

دہی

kolač

کیک

jaje

انڈا

jaje na oko

فرائی کیا گیا انڈہ

sir

پنیر

sladoled

أئس كريم

šećer

چینی

med

شہد

marmelada

جام

nugat krema

ناؤگٹ کریم

kuri

سالن

seosko imanje

کھیت

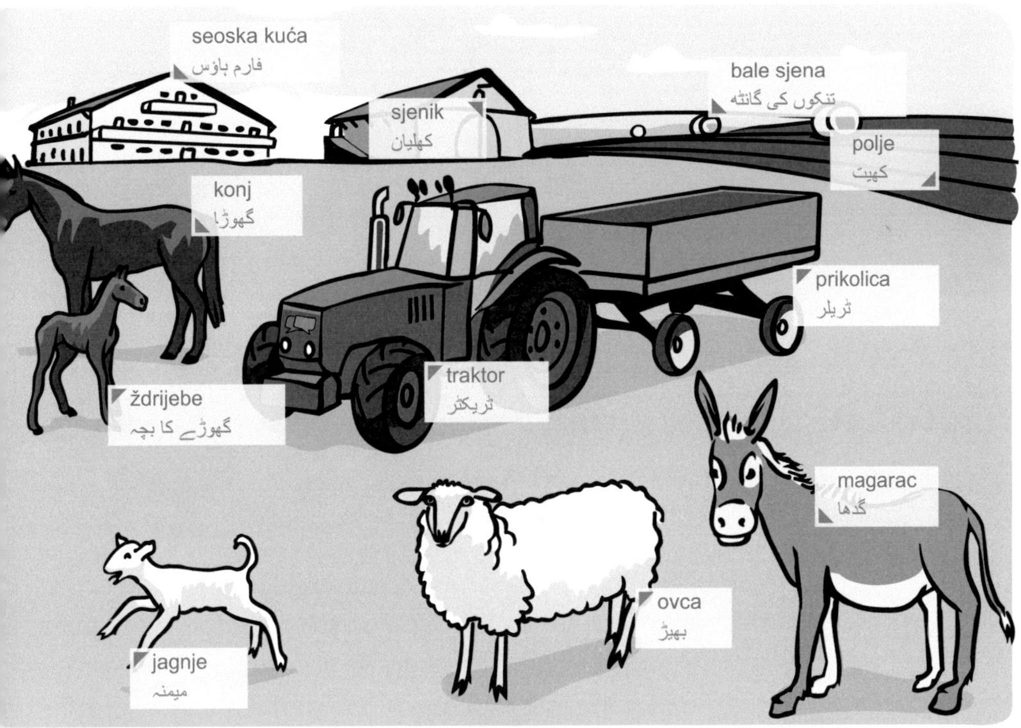
seoska kuća
فارم ہاؤس
sjenik
کھلیان
bale sjena
تنکوں کی گانٹھ
polje
کھیت
konj
گھوڑا
prikolica
ٹریلر
traktor
ٹریکٹر
ždrijebe
گھوڑے کا بچہ
magarac
گدھا
ovca
بھیڑ
jagnje
میمنہ

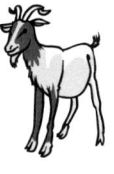

koza

بکری

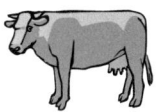

krava

گائے

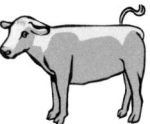

tele

بچھڑا

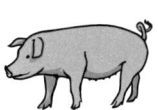

svinja

سؤر

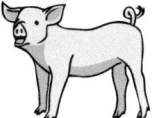

prase

سؤر کابچہ

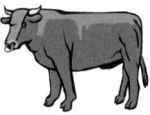

bik

سانڈ

guska

راج ہنس

patka

بطخ

pile

چوزہ

kokoška

مُرغی

pjetao

مُرغا

pacov

چوہا

mačka

بلی

miš

چوہا

vol

بیلچہ

pas

کتا

pseća kućica

کتے کا گھر

crijevo za baštu

گارڈن ہاؤس

kanta za zalijevanje

پانی کا کین

kosa

درانتی

plug

ہل

srp

درانتی

motika

بیلچہ

vile

ترنگل

sjekira

کلہاڑا

tačke

ٹھیلا گاڑی

korito

حوض

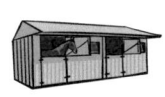

bokal za mlijeko

دودھ کا کین

vreća

تھیلا

ograda

باڑ

štala

اصطبل

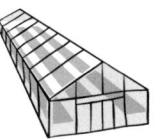

staklenik

گرین ہاؤس

tlo

مٹی

sjeme

بیج

đubrivo

فرٹیلائزر

kombajn

کمبائن ہارویسٹر

kositi

فصل کاٹنا

žetva

فصل کاٹنا

jam korijen

افریقی الو

pšenica

گندم

soja

سویا

krompir

آلو

kukuruz

مکئی

uljana repica

توریا کا تیل

drvo voća

پھلداردرخت

manioka

کساوا

žito

دلیہ

kuća

مکان

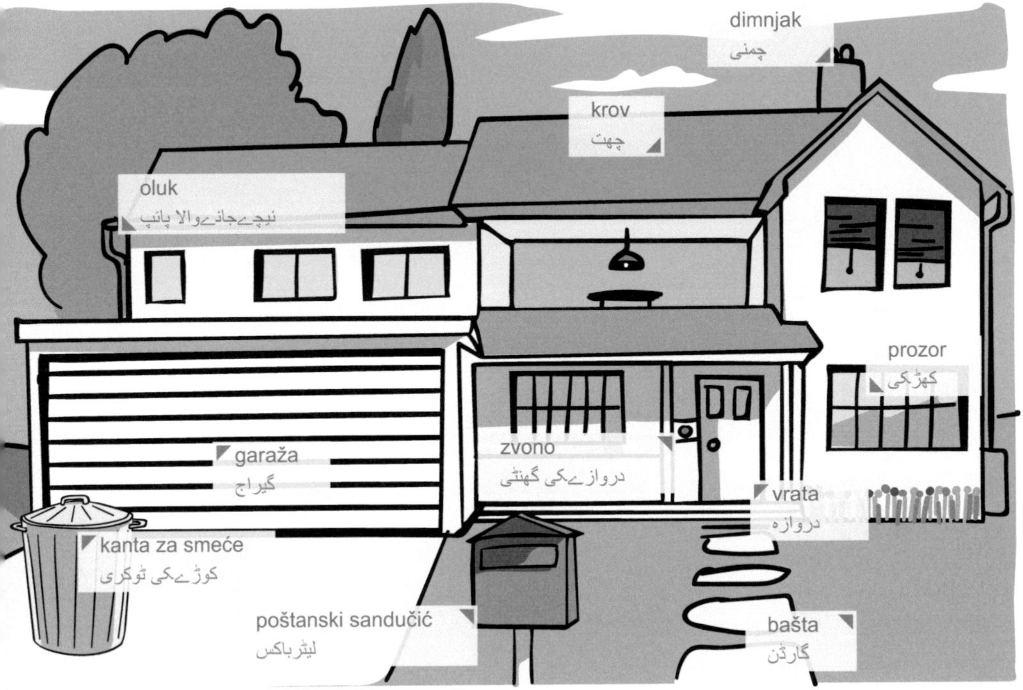
dimnjak
چمنی
krov
چھت
oluk
نیچے جانے والا پائپ
prozor
کھڑکی
garaža
گیراج
zvono
دروازے کی گھنٹی
vrata
دروازہ
kanta za smeće
کوڑے کی ٹوکری
poštanski sandučić
لیٹر باکس
bašta
گارڈن

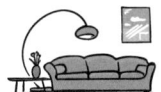

dnevni boravak

لوونگ روم

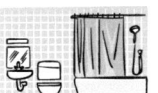

kupatilo

غسل خانہ

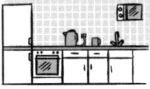

kuhinja

باورچی خانہ

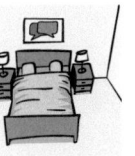

spavaća soba

بیڈروم

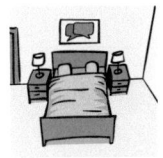

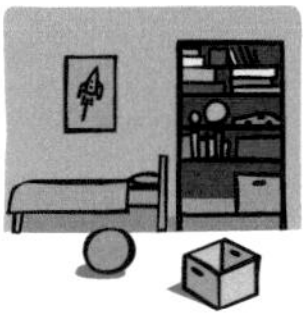

dječija soba

بچوں کا کمرہ

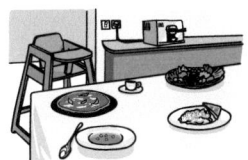

trpezarija

کھانے کا کمرہ

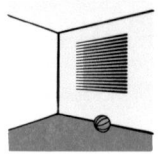

pod, tlo

فرش

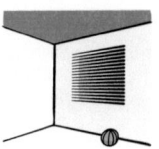

zid

دیوار

plafon

چھت

podrum

تہ خانہ

sauna

سوانا

balkon

بالکونی

terasa

ٹیریس

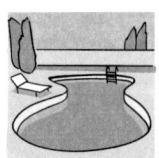

bazen

پول

kosilica

گھاس کاٹنے کی مشین

posteljina

چادر

pokrivač

چادر

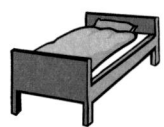

krevet

بستر

metla

جھاڑو

kanta

بالٹی

prekidač

سوئچ

dnevni boravak

لوونگ روم

tapeta
وال پیپر
fotografija
تصویر
lampa
لیمپ
polica
شیلف
ormar
الماری
televizija
ٹیلی ویژن
dimnjak
آتش دان
cvijet
پھول
jastuk
کُشن
kauč
صوفہ
vaza
گلدان
daljinski upravljač
ریموٹ کنٹرول

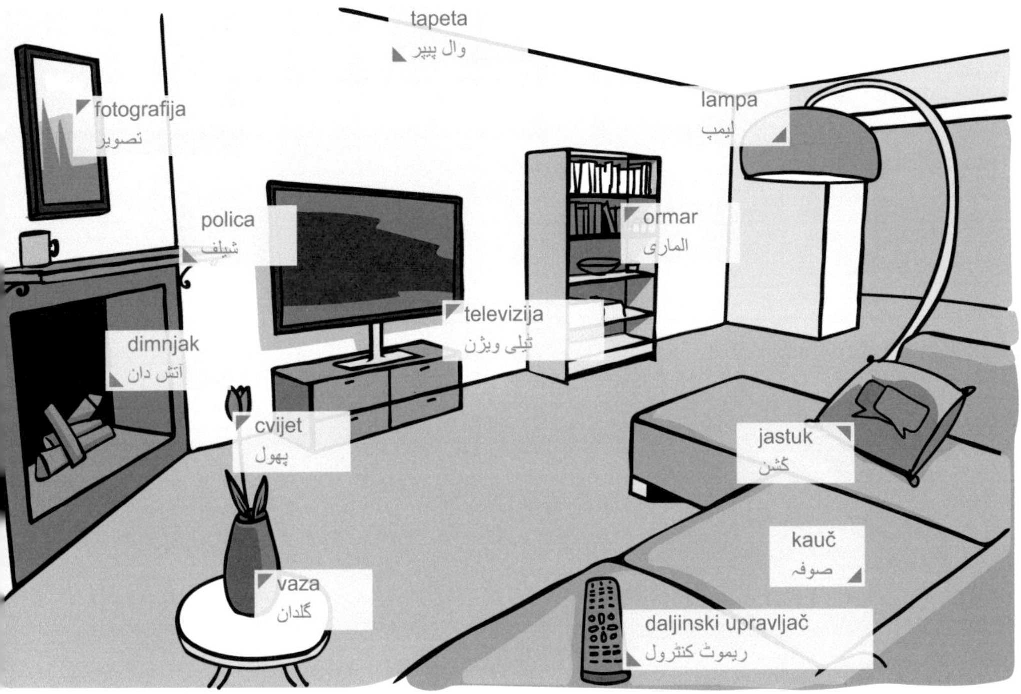

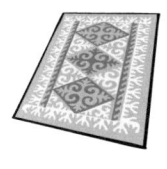

tepih

قالین

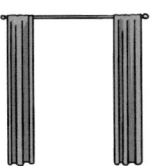

zavjesa

پردے

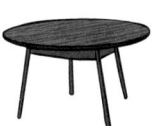

stol

میز

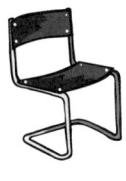

stolica

کُرسی

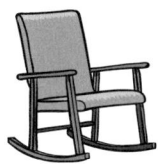

stolica za ljuljanje

ہلنےوالی کُرسی

fotelja

آرام کُرسی

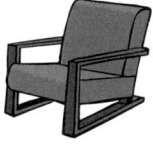

knjiga

كتاب

deka

كمبل

dekoracija

آرائش

ložno drvo

جلانے کی لکڑی

film

فلم

stereo uređaj

بانی فائی

ključ

چابی

novine

اخبار

umjetnička slika

پینٹنگ

poster

پوسٹر

radio

ریڈیو

blok za bilješke

نوٹ بک

usisavač

ویکیوم کلینر

kaktus

کیکٹس

svijeća

موم بتی

kuhinja
باورچی خانہ

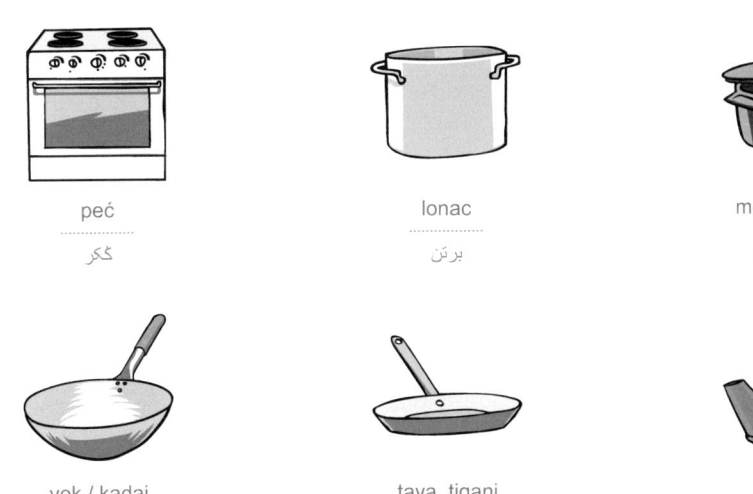

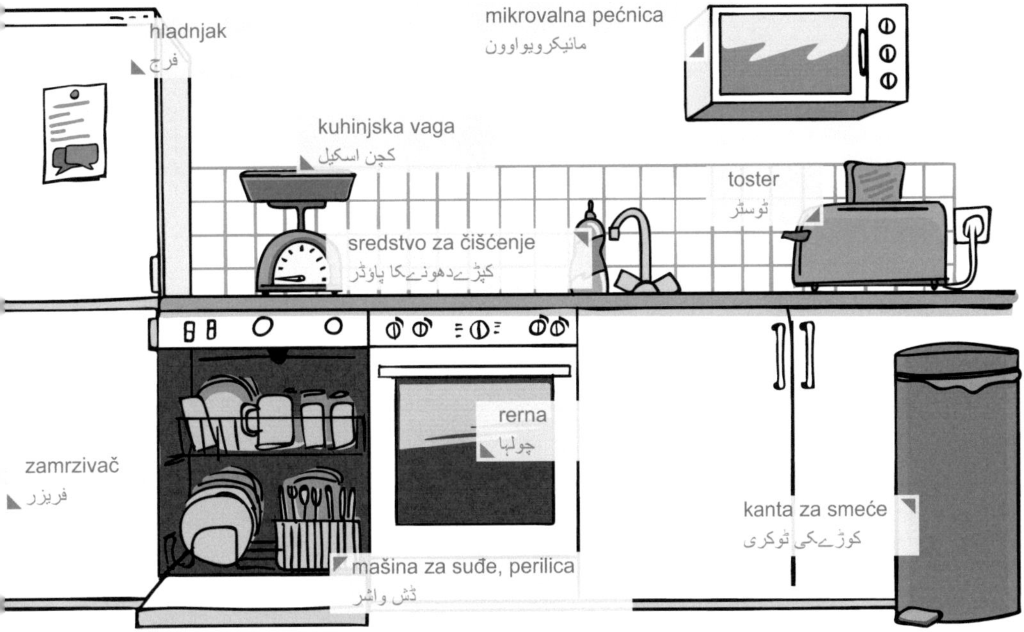
hladnjak
فرج
mikrovalna pećnica
مائیکروویواوون
kuhinjska vaga
کچن اسکیل
toster
ٹوسٹر
sredstvo za čišćenje
کپڑےدھونےکا پاؤڈر
rerna
چولہا
zamrzivač
فریزر
kanta za smeće
کوڑےکی ٹوکری
mašina za suđe, perilica
ڈش واشر

peć
ڈکر

lonac
برتن

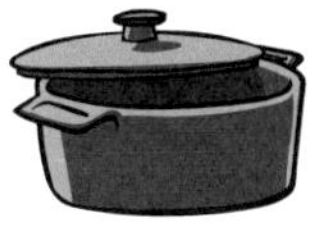

metalni lonac
لوہےکا برتن

vok / kadai
کڑاہی

tava, tiganj
برتن

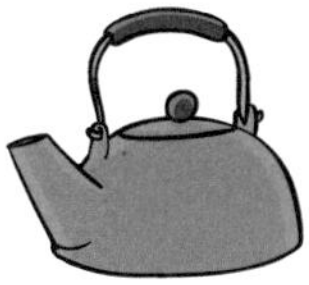

kuhalo
کیتلی

aparat za kuhanje na pari

استیمر

lim za pečenje

بیکنگ ٹرے

posuđe

کراکری

šalica

مگ

činija

پیالہ

kineski štapići

چاپ اسٹکس

kutlača

ڈونی

lopatica

کفچہ

metlica za snijeg bjelanjca

جھاڑ ودینا

sito za kuhanje

مقطر

sito

چھلنی

ribež

گریٹر

avan s tučkom

کونڈی

roštilj

باربی کیو

ložište

کھلی آگ

daska

چاپنگ بورڈ

oklagija

بیلن

vadičep

کارک اسکریو

konzerva

کین

otvarač za konzerve

کین اوپنر

krpe za lonac

برتن پکڑنےوالا کپڑا

sudoper

سنک

četka

برش

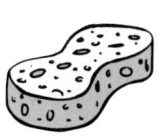

spužva

اسپونج

mikser

بلینڈر

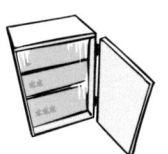

zamrzivač

ڈیپ فریز

flašica za bebu

بچےکی بوتل

slavina

ٹونٹی

kupatilo
غُسل خانہ

grijanje
ہیٹنگ
peškir
تولیہ
tuš
شاور
zavjesa za tuš
شاور کرٹن
pjenušava kupka
ببل باتھ
kada
باتھ ٹب
mašina za veš
واشنگ مشین
pločice
ٹائلیں
dječja kahlica
پاٹی
slavina
ٹونٹی
čaša
شیشہ
sudoper
سنک

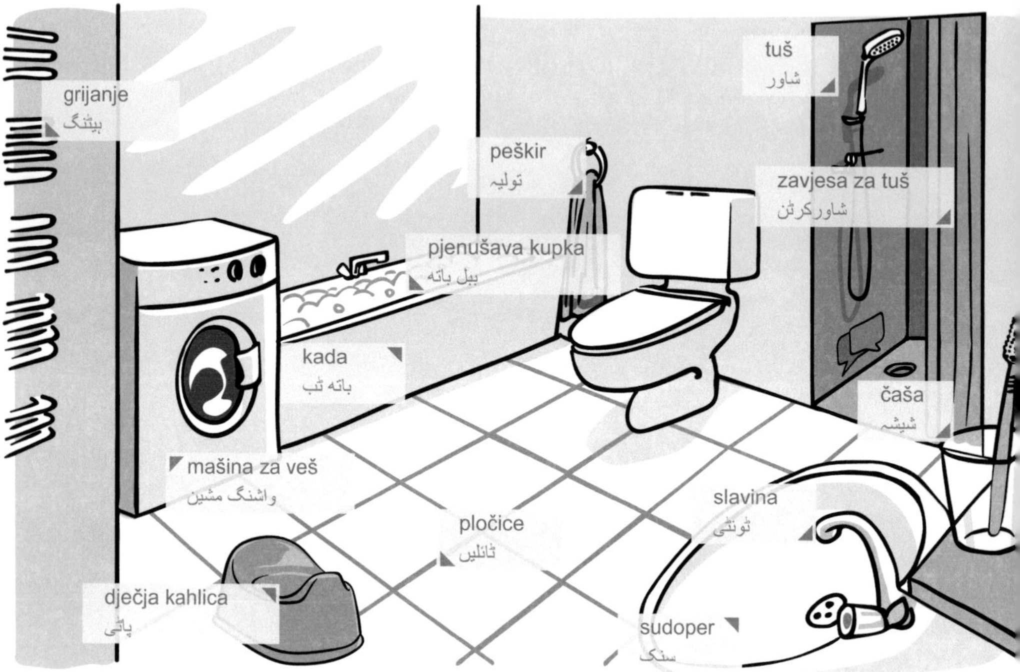

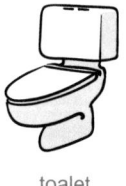

toalet

ٹائلٹ

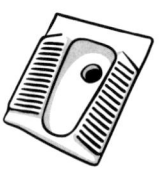

čučavac

دوزانوں بیٹھنے والی ٹائلٹ

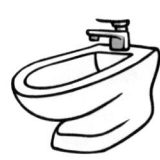

bide

نچلا حصہ دھونے کیلئے پاٹ

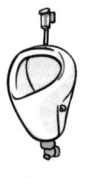

pisoar

پیشاب گاہ

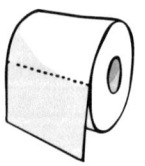

toalet papir

ٹائلٹ پیپر

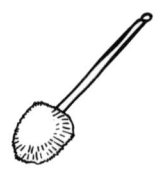

četka za wc

ٹائلٹ برش

četkica za zube

تووتہ برش

pasta za zube

ٹووتہ پیسٹ

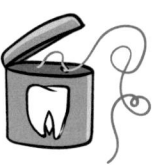

zubni konac

ڈینٹل فلاس

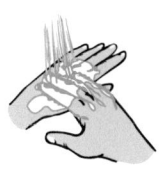

prati

دھونا

tuš

بینڈ شاور

intimni tuš

شاور

lavor

بیسن

četka za leđa

بیک برش

sapun

صابن

gel za tuširanje

شاورجل

šampon

شیمپو

krpe za pranje

فلالین

odvod

ڈرین

krema

کریم

dezodorans

ڈیوڈورنٹ

ogledalo

آئینہ

ogledalo za šminkanje

ہاتھ میں پکڑا جانے والا آئینہ

brijač

ریزر

pjena za brijanje

شیونگ فوم

vodica poslije brijanja

آفٹرشیو

češalj

کنگھی

četka

برش

fen

ہیئرڈرائر

sprej za kosu

ہیئراسپرے

puder

میک اپ

karmin

لپ اسٹک

lak za nokte

نیل وارنش

vata

روئی

makazice za nokte

ناخن کاٹنے کی قینچی

parfem

پرفیوم

kozmetička torbica

واش بیگ

hoklica

پاخانہ

vaga

وزن کرنےکی مشین

kupaći ogrtač

باتھ روب

rukavice za čišćenje

ربڑکےدستانے

tampon

تیمپون

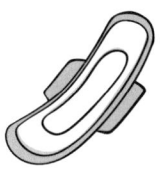

uložak za dame

سینیٹری ٹاول

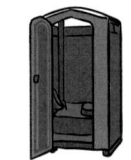

hemijski toalet

کیمیکل ٹائلٹ

dječija soba
بچوں کا کمرہ

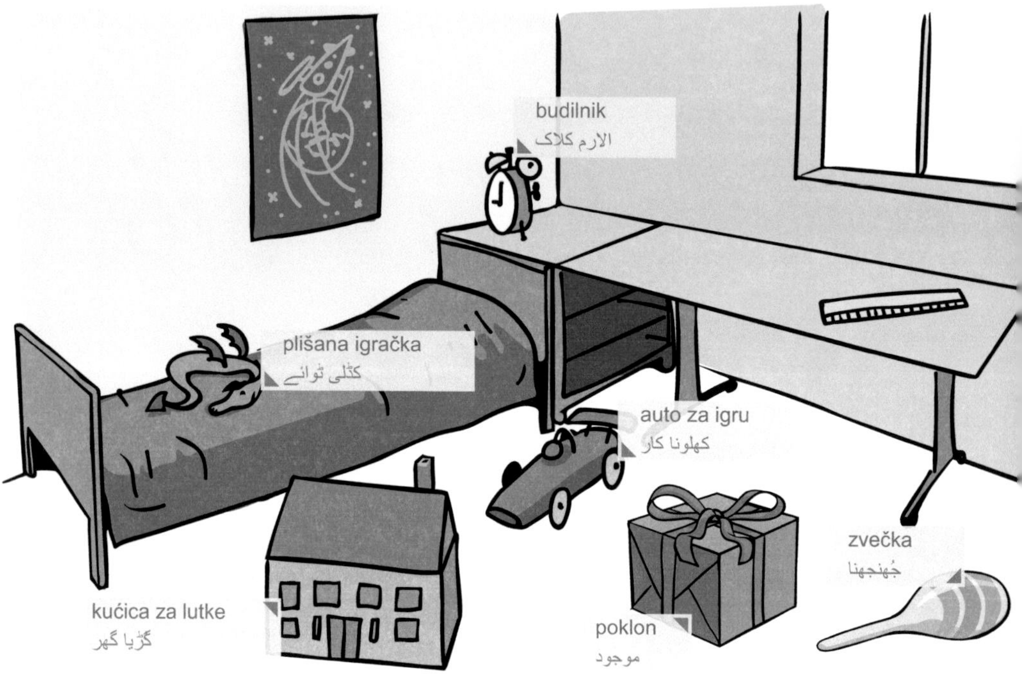

budilnik
الارم کلاک
plišana igračka
کڈلی ٹوائے
auto za igru
کھلونا کار
zvečka
جُھنجھنا
kućica za lutke
گڑیا گھر
poklon
موجود

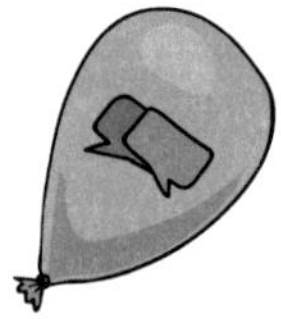

balon

غبارہ

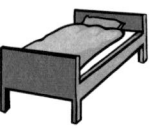

krevet

بستر

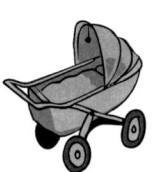

kolica za djecu

پرام

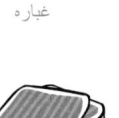

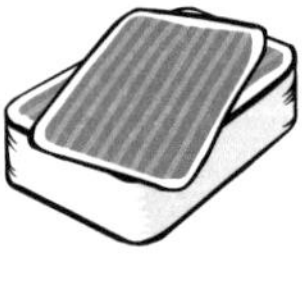

karte za igranje

ڈیک آف کارڈز

puzle

جگسا

SUPER
MEGA
strip

کامک

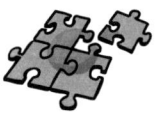

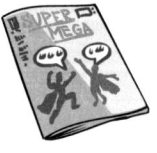

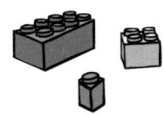

lego kockice

لیگوبرکس

kockice za gradnju

کھلونا بلاکس

akcione figure

ایکشن فگر

benkica

بچےکا لباس

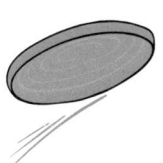

frizbi

فرسبی

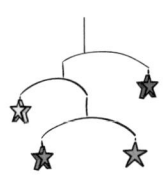

mobile

کھلونا موبائل

igra na ploči

بورڈ گیم

kocka

ڈائس

miniatura željeznice

ماڈل ترین سیٹ

cucla

ڈمی

zabava

پارٹی

slikovnica

تصاویروالی کتاب

lopta

گیند

lutka

گڑیا

igrati

کھیلنا

pješćanik

سینڈ پٹ

ljuljačka

جھولا جھولنا

igračke

کھلونے

konzola za igru

وڈیوگیم کنسول

triciklo

تین پہیوں والی سائیکل

medvjedić

ٹیڈی بیئر

ormar

کپڑوں کی الماری

kratke čarape

موزے

čarape

اسٹاکنگز

hulahopke

ٹائٹس

šal
اسکارف

kišobran
چھتری

majica kratkih rukava
ٹی شرٹ

kaiš
بیلٹ

čizme
بوٹ

papuče
سلیپر

patike
اسنیکرز

sandale
سینڈل

cipele
جوتے

gumene čizme
ربڑ کے بوٹس

gaće
زیر جامہ

grudnjak
بریزنیر

potkošulja
واسکٹ

bodi

جسم

hlače

پتلون

farmerke

جینز

suknja

اسکرٹ

bluza

بلاؤز

košulja

قمیض

džemper

پُل اوور

majica

سویٹر

sako

بلیزر

jakna

جیکٹ

mantil

کوٹ

kišni mantil

رین کوٹ

kostim

کوئی خاص لباس

haljina

لباس

vjenčanica

شادی کا لباس

odijelo

سوٹ

spavaćica

نائٹ گاؤن

pidžama

پائجامہ

sari

ساڑھی

marama

سرپرلیا جانےوالا اسکارف

turban

پگڑی

burka

بُرقع

kaftan

کفتان

abaja

عبایہ

kupaći kostim

تَیراکی کا سوٹ

kupaće gaće

ٹرنک

kratke hlače

نیکر

trenerka

ٹریک سوٹ

pregača

اپرن

rukavice

دستانے

dugme

بٹن

naočare

عینک

narukvica

کنگن

ogrlica

ہار

prsten

انگوٹھی

naušnica

کانوں کی بالیاں

kapa

ٹوپی

vješalica

کوٹ ہینگر

šešir

ہیٹ

kravata

ٹائی

patentni zatvarač

زپ

kaciga

ہیلمٹ

tregeri za hlače

بریسز

školska uniforma

سکول یونیفارم

uniforma

وردی

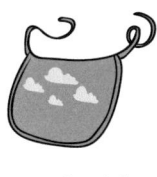

podbradak

بب

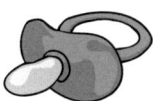

cucla

ڈمی

pelene

نیپی

ured

دفتر

server
سرور
ormar za kartoteku
فائلوں کی الماری
štampač
پرنٹر
papir
کاغذ
monitor
مانیٹر
miš
ماؤس
pisaći sto
میز
registrator
فولڈر
tastatura
کی بورڈ
korpa za papir
ویسٹ پیپر باسکٹ
kompjuter
کمپیوٹر
stolica
کرسی

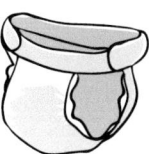

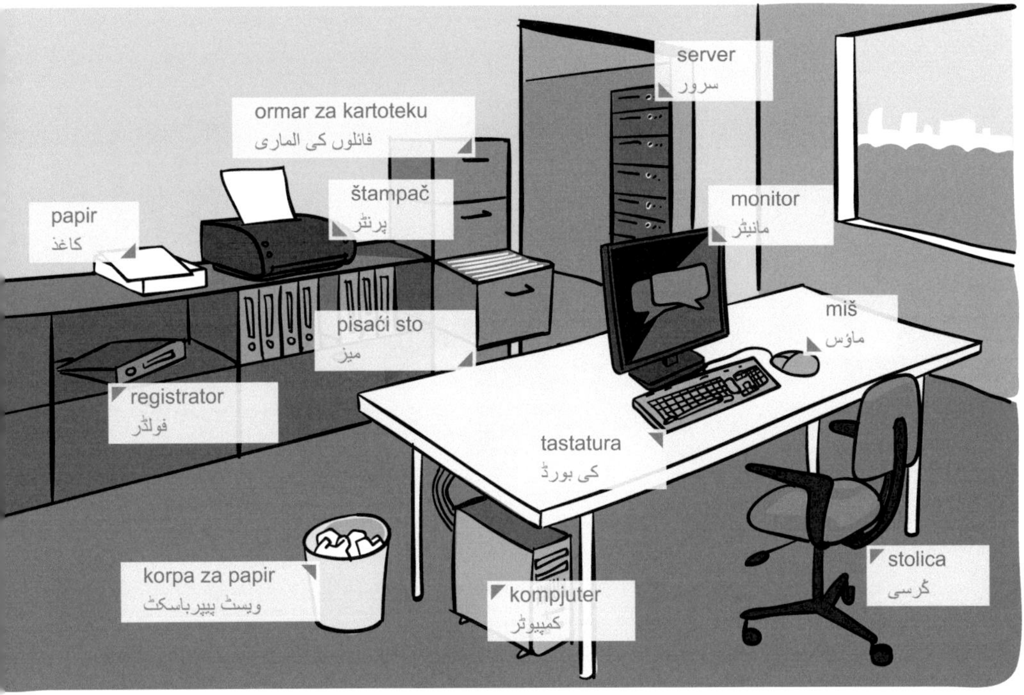

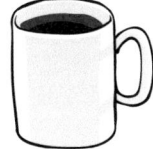

šolja za kafu

کافی مگ

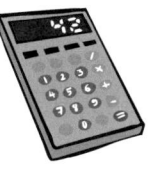

kalkulator

کیلکولیٹر

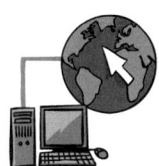

internet

انٹرنیٹ

laptop

لیپ تاپ

pismo

خط

poruka

پیغام

mobilni telefon

موبائل

mreža

نیٹ ورک

aparat za kopiranje

فوٹوکاپیر

softver

سافٹ ویئر

telefon

ٹیلی فون

utičnica

پلگ ساکٹ

faks

فیکس مشین

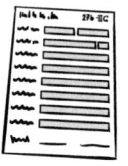

formular

فارم

dokument

دستاویز

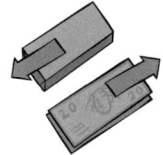

kupovati

خریدنا

platiti

ادائیگی کرنا

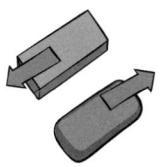

trgovati

تجارت کرنا

novac

رقم

dolar

ڈالر

euro

یورو

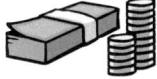

jen

ین

rublja

روبل

franak

سوئس فرانک

renminbi jen

رینمنبی یوآن

rupi

روپیہ

bankomat

کیش پوائنٹ

mjenjačnica

رقم تبدیل کرانے کیلئے دفتر

zlato

سونا

srebro

چاندی

nafta

خام تیل

energija

توانائی

cijena

قیمت

ugovor

معاہدہ

porez

ٹیکس

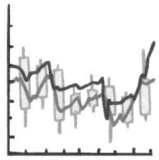

akcija

اسٹاک

raditi

کام کرنا

službenik

ملازم

poslodavac

آجر

fabrika

فیکٹری

radnja

دکان

zanimanja
پیشے

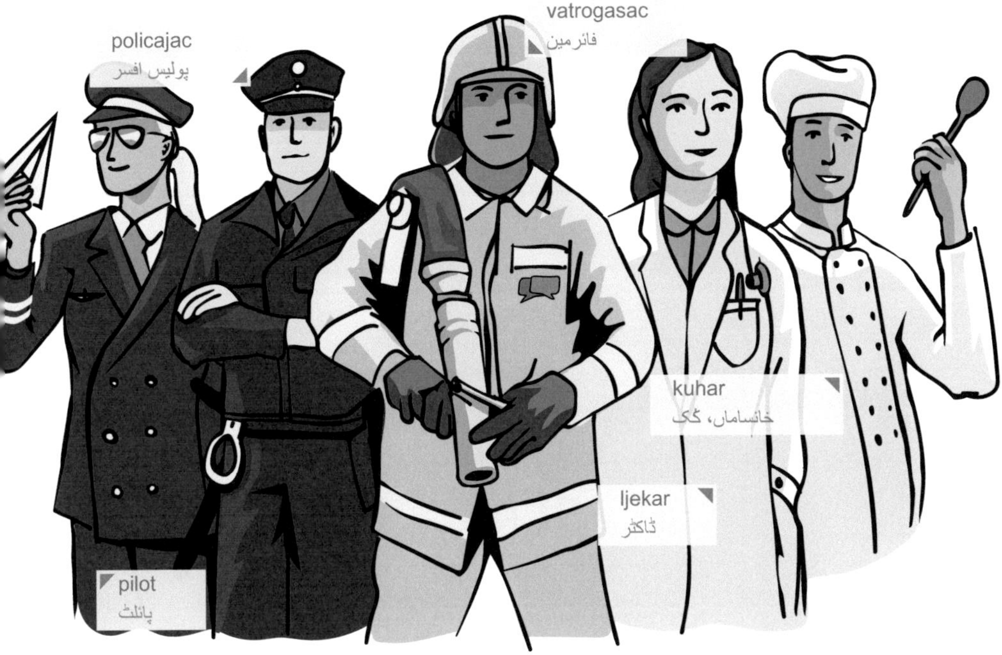
policajac
پولیس افسر
vatrogasac
فائرمین
kuhar
خانساماں، کُک
ljekar
ڈاکٹر
pilot
پائلٹ

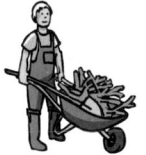

baštovan
مالی

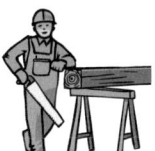

stolar
ترکھان

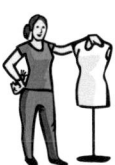

krojačica
درزن

sudija
جج

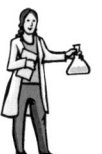

hemičar
کیمسٹ

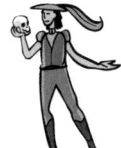

glumac
اداکار

vozač autobusa

بس ڈرائیور

vozač taksija

ٹیکسی ڈرائیور

ribar

مچھیرا

čistačica

صفائی کرنے والی عورت

krovopokrivač

چھت بنانے والا

konobar

ویٹر

lovac

شکاری

moler

پینٹر

pekar

بیکر

električar

الیکٹریشین

građevinski radnik

بلڈر

inženjer

انجینئیر

koljač

قصائی

limar, vodoinstalater

پلمبر

poštar

ڈاکیا

vojnik

سپاہی

arhitekta

آرکیٹیکٹ

blagajnik

کیشنیر

cvjećar

پھول بیچنے والا

frizer

نائی

kontrolor

کنٹکٹر

mehaničar

مکینک

kapiten

کپتان

zubar

ڈینٹسٹ

naučnik

سائنسدان

rabin

یہودی عالم

imam

امام

monah

راہب

sveštenik

پادری

alat

اوزار

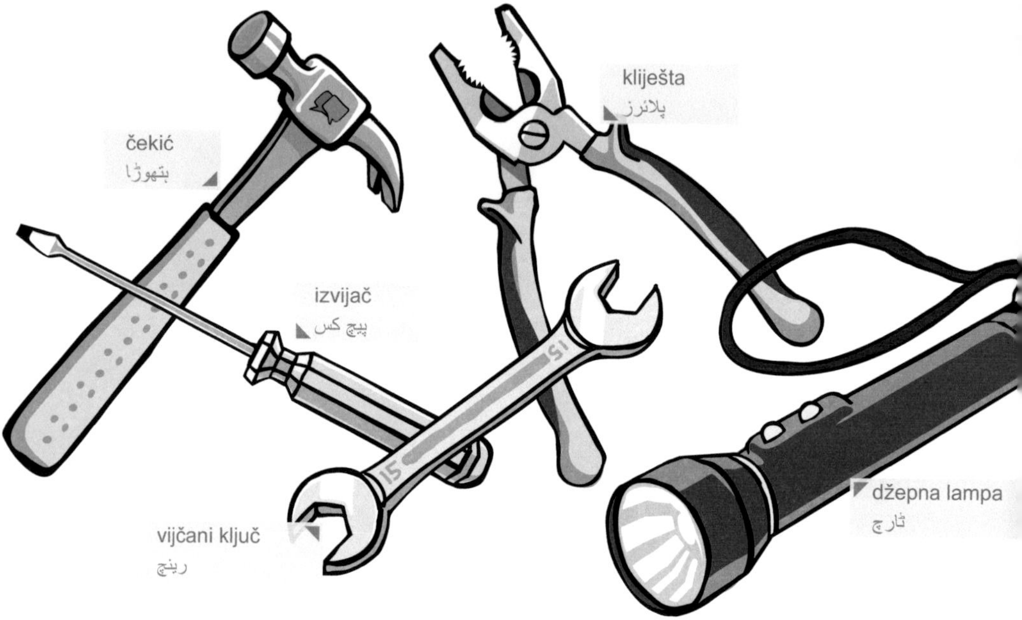

kliješta
پلائرز
čekić
ہتھوڑا
izvijač
پیچ کس
vijčani ključ
رینچ
džepna lampa
ٹارچ

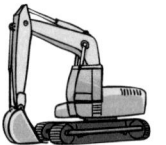

bager
ایکسکویٹر

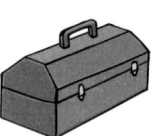

kutija sa alatom
ٹول باکس

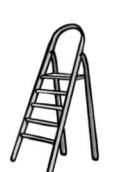

ljestve
سیڑھی

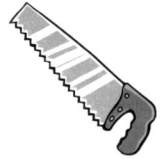

testera, pila
آری

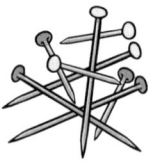

ekser
کیل

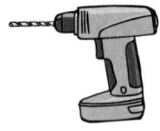

bušilica
ڈرل

popraviti

مرمت کرنا

lopata

بیلچہ

sranje!

لعنت ہو!

lopatica

ڈسٹ پین

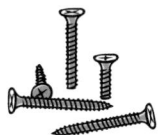

kanta boje

پینٹ باٹ

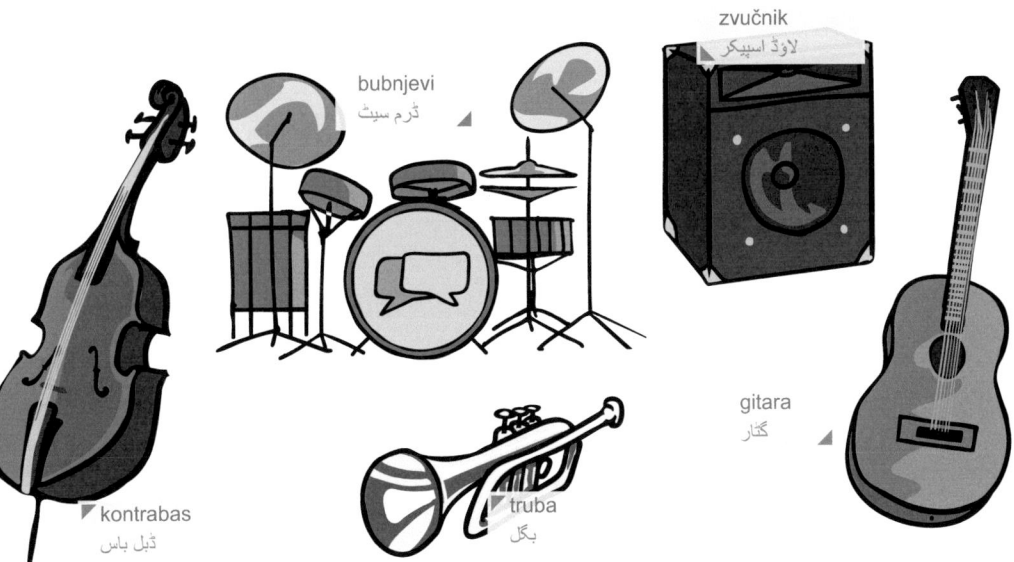

vijak

پیچ

muzički instrumenti

آلات موسیقی

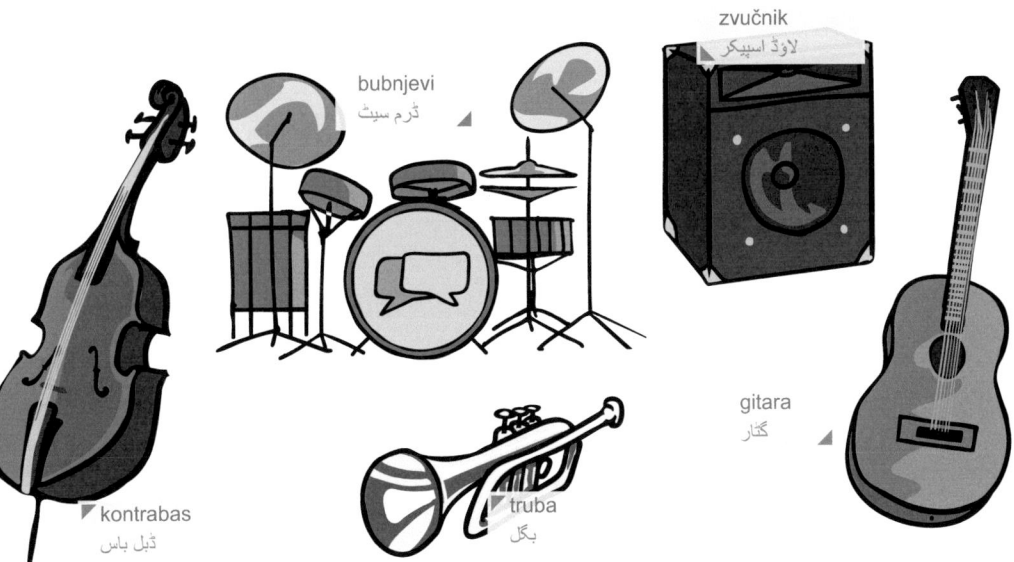

zvučnik
لاؤڈ اسپیکر

bubnjevi
ڈرم سیٹ

gitara
گٹار

kontrabas
ڈبل باس

truba
بگل

klavir

پیانو

violina

وائلن

bas

موسیقی کی آواز

bubanj timpani

ٹمپانی

bubanj

ڈھول، ڈرمز

sintisajzer

کی بورڈ

saksofon

سیکسوفون

flauta

بانسری

mikrofon

مائیکروفون

zološki vrt

چڑیا گھر

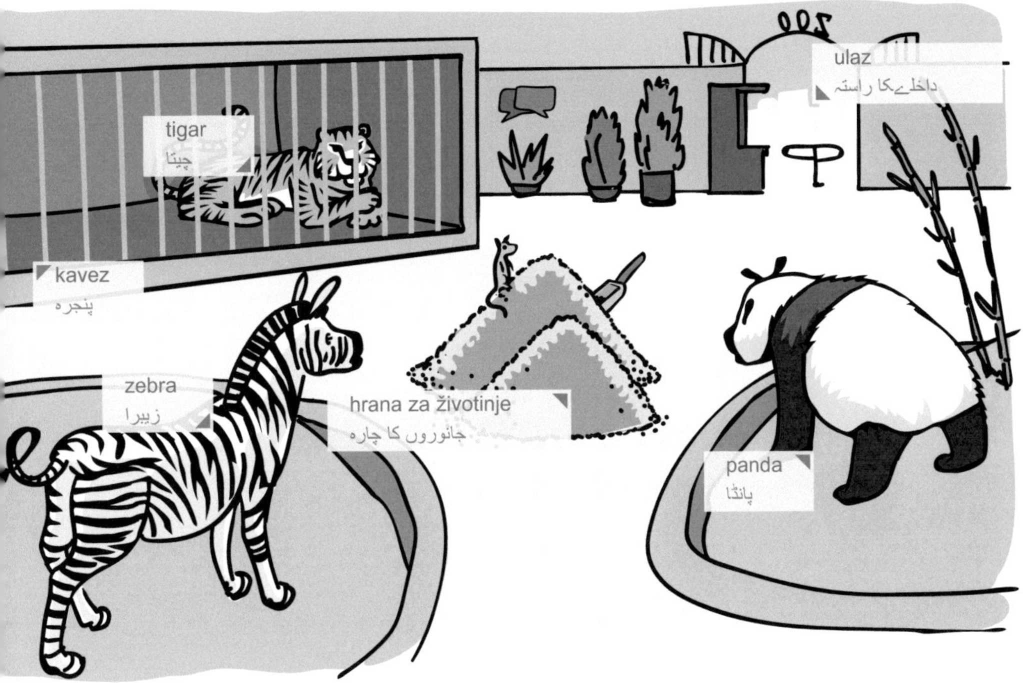
ulaz
داخلے کا راستہ
tigar
چیتا
kavez
پنجرہ
zebra
زیبرا
hrana za životinje
جانوروں کا چارہ
panda
پانڈا

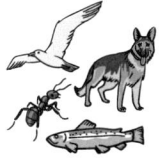

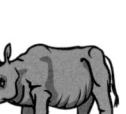

životinje

جانور

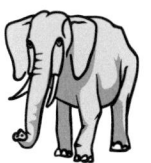

slon

ہاتھی

kengur

کینگرو

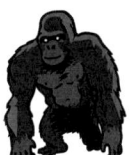

nosorog

گینڈا

gorila

گوریلا

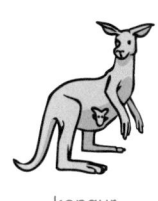

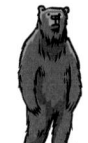

medvjed

ریچھ

kamila

اونٹ

noj

شُترمُرغ

lav

شیر

majmun

بندر

flamingo

فلیمنگو

papagaj

طوطا

polarni medvjed

قطبی ریچھ

pingvin

کبوتر

morski pas

شارک

paun

مور

zmija

سانپ

krokodil

مگرمچھ

čuvar u zološkom vrtu

چڑیا گھر کا محافظ

tuljan

سیل

jaguar

امریکی تیندوا

poni

تٹو

leopard

چیتا

nilski konj

دریائی گھوڑا

žirafa

زرافہ

orao

عقاب

divlja svinja

سؤر

riba

مچھلی

kornjača

کچھوا

morž

سمندری گھوڑا

lisica

لومڑی

gazela

غزال برن

sport

کھیلیں

americki fudbal
امریکن فٹ بال

vožnja bicikla
سائیکلنگ

tenis
ٹینس

košarka
باسکٹ بال

plivanje
پیراکی

boks
باکسنگ

hokej na ledu
آئس ہاکی

fudbal

فٹ بال

bedminton

بیڈمنٹن

laka atletika

اتھلیٹکس

rukomet

ہینڈ بال

skijanje

اسکیئنگ

polo

پولو

62

sport - کھیلیں

smijati se
بنسنا

akati
چھلانگ ل

zagrliti
گلے لگانا

ići
چلنا

pjevati
گانا

sanjati
خواب دیکھنا

moliti
دُعا کرنا

ljubiti
چُومنا

pisati

لکھنا

crtati

تصویرکشی کرنا

pokazati

دکھانا

gurati

آگے کی طرف دھکیلنا

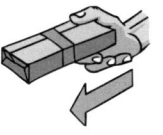

dati

دینا

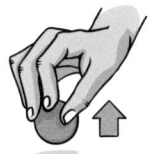

uzeti

لینا

imati

ركھنا

raditi

کرنا

biti

ہونا

stajati

کھڑا ہونا

trčati

دوڑنا

vući

کھینچنا

baciti

پھینکنا

pasti

گرنا

ležati

جھوٹ بولنا

čekati

انتظارکرنا

nositi

اٹھانا

sjediti

بیٹھنا

obući

ملبوس ہونا

spavati

سونا

probuditi

جاگنا

pogledati

دیکھنا

plakati

رونا

milovati

چوٹ لگانا

češljati

کنگھی کرنا

govoriti

بات کرنا

razumjeti

سمجھنا

pitati

پوچھنا

slušati

متوجہ ہونا

piti

پینا

jesti

کھانا

pospremiti

صاف کرنا

voljeti

پیارکرنا

kuhati

پکانا

voziti

گاڑی چلانا

letjeti

اڑنا

jedriti

بحری سفرکرنا

računati

شمارکریں

čitati

پڑھنا

učiti

سیکھنا

raditi

کام کرنا

vjenčavti

شادی کرنا

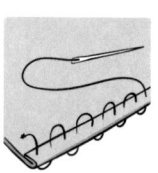

šiti

سینا

prati zube

دانت صاف کرنا

ubiti

جان سےماردینا

pušiti

تمباکونوشی کرنا

slati

بھیجنا

porodica

خاندان

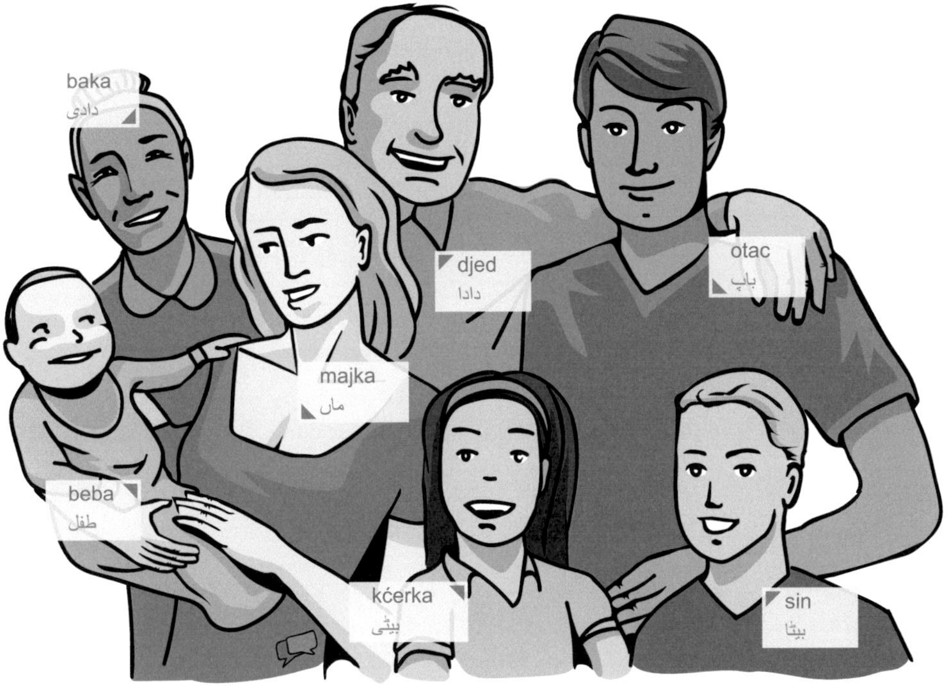

baka
دادی
djed
دادا
otac
باپ
majka
ماں
beba
طفل
kćerka
بیٹی
sin
بیٹا

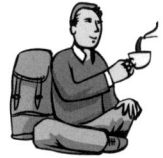

gost

مہمان

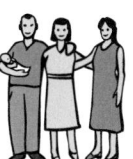

ujna, tetka, strina

چچی

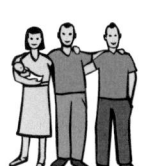

ujak, tetak, stric

چچا

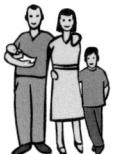

brat

بھائی

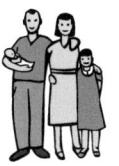

sestra

بہن

tijelo

جسم

čelo
ماتھا
oko
آنکھ
leđa
کندھا
prst
اُنگلی
lice
چہرہ
brada
ٹھوڑی
ruka, šaka
ہاتھ
grudi
چھاتی
noga
ٹانگ
ruka
بازو

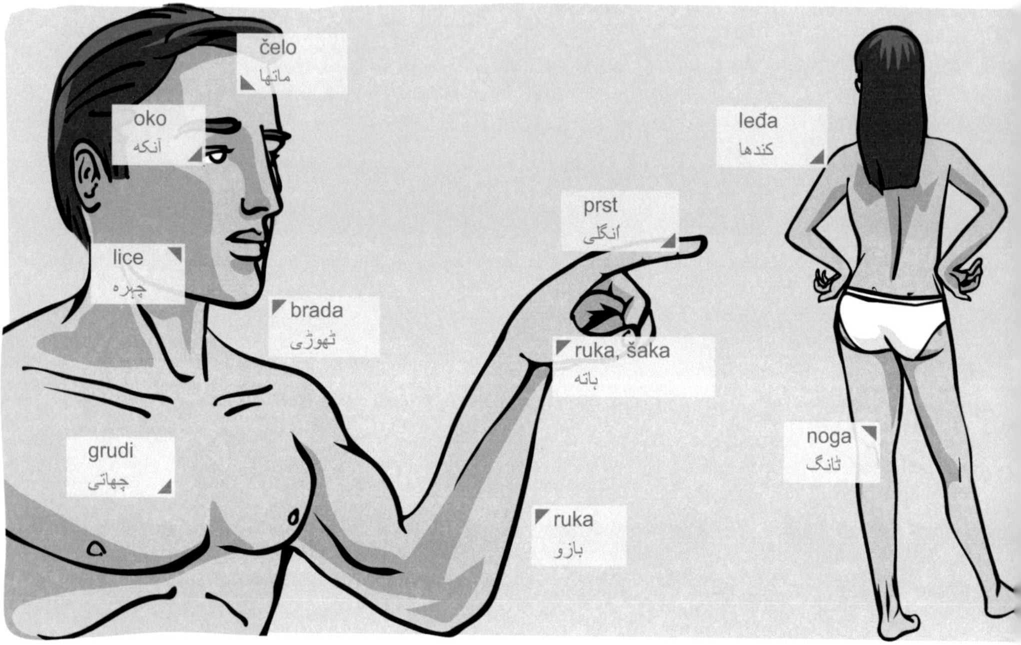

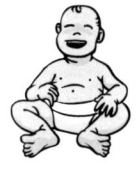

beba
طفل

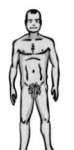

muškarac
آدمی

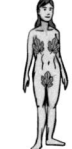

žena
عورت

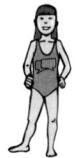

djevojčica
لڑکی

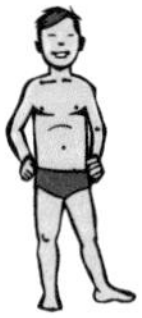

dječak
لڑکا

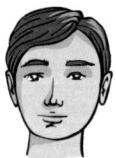

glava
سر

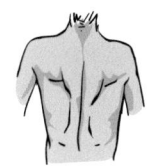

leđa

کمر

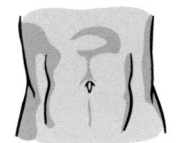

stomak

پیٹ

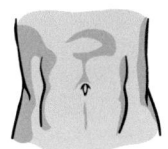

pupak

ناف

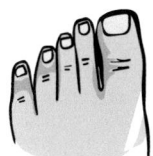

nožni prst

پاؤں کا انگوٹھا

peta

ایڑھی

kosti

ہڈی

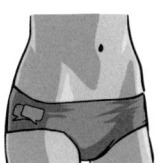

kuk

کولہا

koljeno

گھٹنا

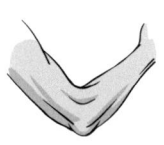

lakat

کہنی

nos

ناک

stražnjica

نچلا حصہ

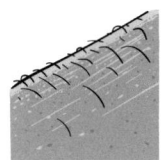

koža

جلد

obraz

گال

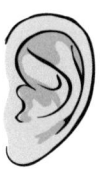

uho

کان

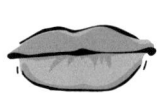

usna

ہونٹ

usta

مُنہ

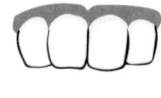

zub

دانت

jezik

زُبان

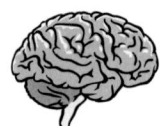

mozak

دماغ

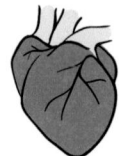

srce

دل

mišić

پٹھہ

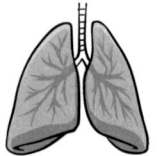

pluća

پھیپھڑا

jetra

جگر

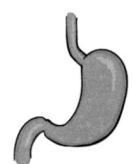

želudac

معدہ

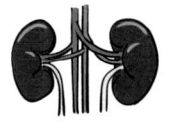

bubreg

گردے

spolni odnos

جنس

kondom

کنڈوم

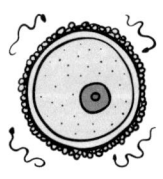

jajna ćelija

بیضہ

sperma

مادہ منویہ

trudnoća

حمل

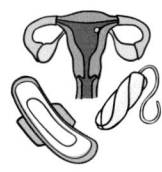

menstruacija

حيض

vagina

اندام نهانى

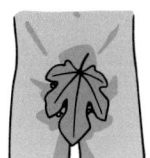

penis

عضوتناسل

obrva

بهنويں

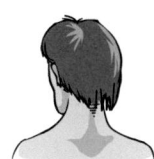

kosa

بال

vrat

گردن

bolnica

ہسپتال

bolnica
ہسپتال
bolničko vozilo
ایمبولینس
invalidska kolica
وہیل چیئر
lom
ہڈی ٹوٹنا

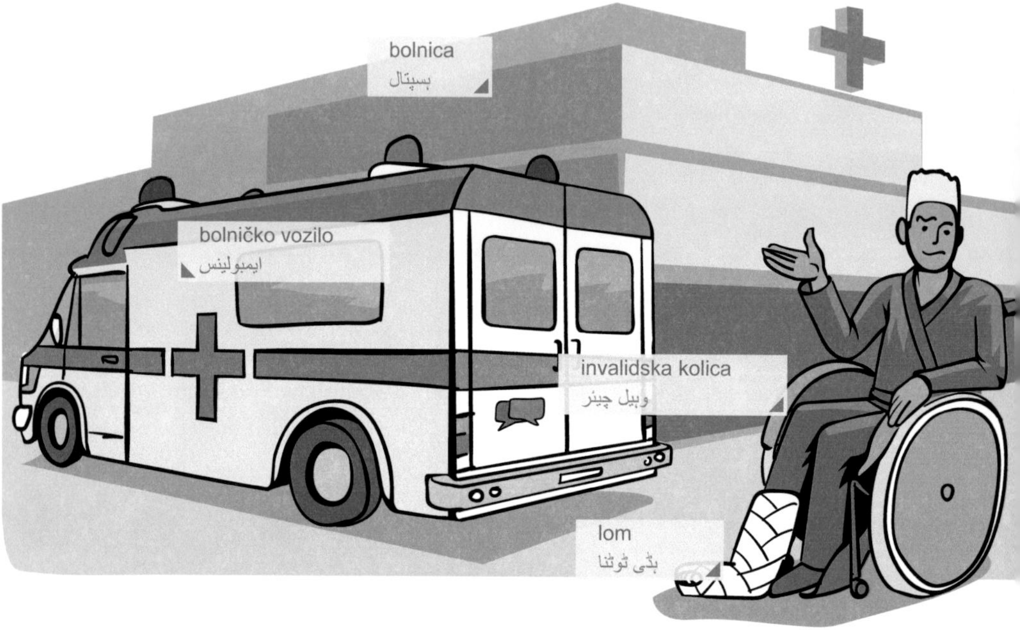

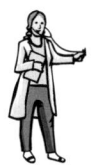

ljekar

ڈاکٹر

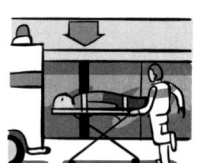

hitna služba

ہنگامی کمرہ

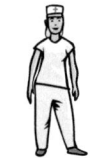

medicinska sestra

نرس

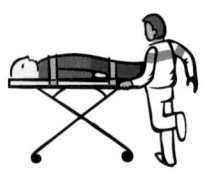

hitna pomoć

ہنگامی صورتحال

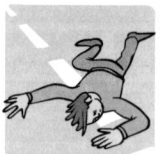

nesvjest

بے ہوش

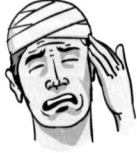

bol

درد

povreda

زخم

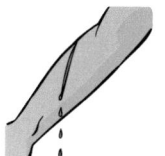

krvarenje

خون بہنا

srčani udar, infarkt

دل کا دورہ

moždani udar

فالج

alergija

الرجی

kašalj

کھانسی

groznica

بخار

gripa

زکام

proljev

اسہال

glavobolja

سردرد

rak

کینسر

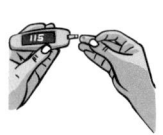

dijabetes

ذیابیطس

hirurg

سرجن

skalpel

نشتر

operacija

آپریشن

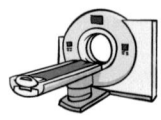

CT

سی ٹی

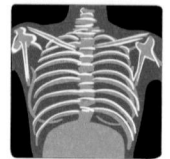

rendgen

ایکس رے

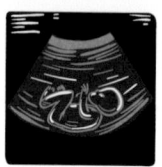

ultrazvuk

الٹراساؤنڈ

maska

چہرے کا نقاب

bolest

بیماری

čekaonica

انتظارگاہ

štake

بیساکھی

flaster

پلاسٹر

zavoj

پٹی

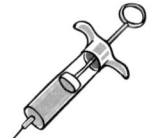

injekcija

انجکشن

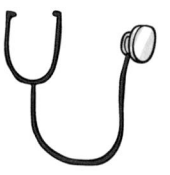

stetoskop

اسٹیتھواسکوپ

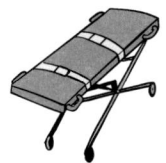

nosilo

اسٹریچر

termometar

مطبی تھرما میٹر

porod

پیدائش

prekomjerna težina, debljina

حد سے زیادہ وزن

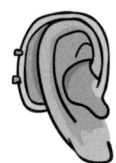

slušni aparat

آلہ سماعت

sredstvo za dezinfekciju

جراثیم کش

infekcija

انفیکشن

virus

وائرس

HIV/ AIDS

ایچ آئی وی/ ایڈّز

medicina

دوا

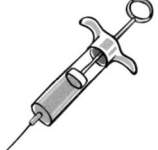

vakcinacija

ویکسی نیشن

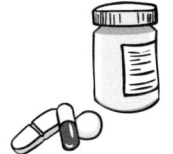

tablete

گولیاں

pilula

گولی

hitni poziv

ہنگامی کال

aparat za mjerenje pritiska

بلڈ پریشرمانیٹر

bolestan / zdrav

بیمار / صحتمند

Upomoć!

مدد!

alarm

الارم

napad, prepad

مُجرمانہ حملہ

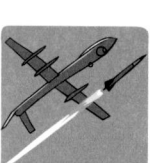

napad

حملہ

opasnost

خطرہ

izlaz u slučaju opasnosti

ہنگامی راستہ

Požar!

آگ!

vatrogasni aparat

آگ بُجھانے والا آلہ

nezgoda

حادثہ

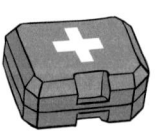

torba prve pomoći

ابتدائی طبی امداد کی کٹ

SOS

ایس اوایس

policija

پولیس

Europa

يورپ

Sjeverna Amerika

شمالی امریکہ

Južna Amerika

جنوبی امریکہ

Afrika

افریقہ

Azija

ایشیا

Australija

أسٹریلیا

Atlantik

بحر اوقیانوس

Pacifik

بحر الکابل

Indijski okean

بحربند

Antarktički okean

بحرقُطب جنوبی

Arktički okean

بحرقُطب شمالی

Sjeverni pol

قُطب شمالی

Južni pol

قُطب جنوبی

Antarktik

انتارکٹیکا

Zemlja

زمین

zemlja

زمین

more

سمندر

ostrvo

جزیرہ

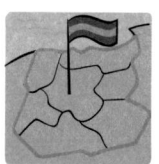

nacija

قوم

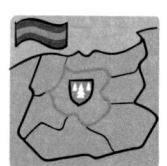

država

ریاست

brojčanik sata

کلاک کا سامنے کا حصہ

kazaljka sata

گھنٹوں والی سوئی

kazaljka minute

منٹوں والی سوئی

kazaljka sekunde

سیکنڈ سوئی

Koliko je sati?

کیا وقت ہوا ہے؟

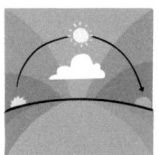

dan

دن

vrijeme

وقت

sada

اب

digitalni sat

ڈیجیٹل گھڑی

minuta

منٹ

sat

گھنٹہ

ponedjeljak
سوموار

srijeda
بدھوار

petak
جمعہ

utorak
منگلوار

četvrtak
جمعرات

subota
ہفتہ

nedjelja
اتوار

juče
گزرا کل

danas
آج

sutra
کل

jutro
صبح

podne
دوپہر

veče
شام

radni dani
کاروباری دن

vikend
ہفتے کا اختتام

kiša
بارش

duga
قوس قزح

snijeg
برف

vjetar
يوا...

proljeće
بهار

jesen
خزان

ljeto
موسم گرما

zima
موسم سرما

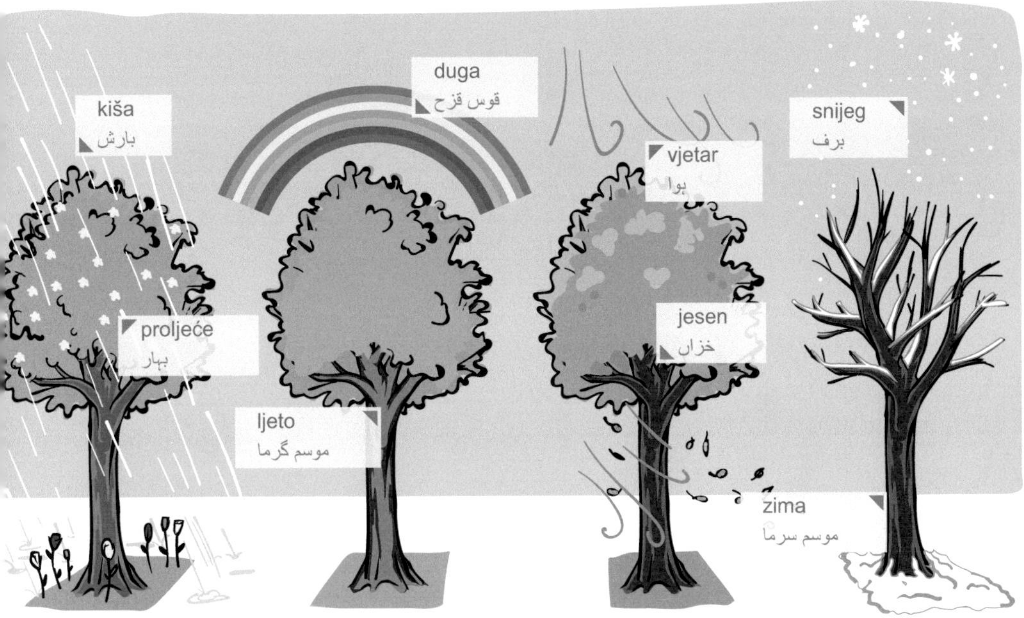

prognoza vremena

موسمی پیش گوئی

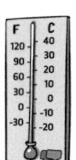

termometar

تهرما میٹر

sunčev sjaj

دهوپ

oblak

بادل

magla

دُهند

vlažnost vazduha

حبس

munja

بجلی کوندھنا

grom

بادلوں کی گرج

oluja

طوفان

tuča, led

ژالہ باری

monsun

مون سون

poplava

سیلاب

led

برف

januar

جنوری

februar

فروری

mart

مارچ

april

اپریل

maj

منی

juni

جون

juli

جولائی

avgust

اگست

septembar

ستمبر

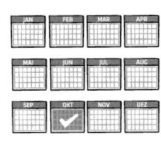

oktobar

اكتوبر

novembar

نومبر

decembar

دسمبر

oblici

اشكال

krug

دائره

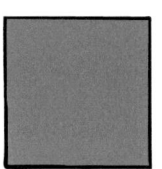

kvadrat

چوكور

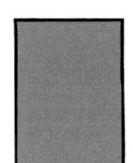

pravougao

مُستطيل

trougao

تكون

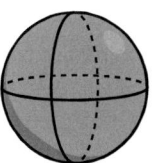

kugla

گره

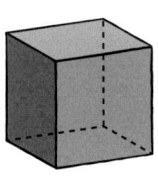

kocka

مكعب

bjel

سفید

žut

پیلا

narandžast

نارنجی

pink

گلابی

crven

سُرخ

ljubičast

جامنی

plav

نیلا

zelen

سبز

smeđ

بھورا

siv

متیالا

crn

سیاہ

malo / mnogo

بہت زیادہ / بہت کم

ljutit / miran

ناراض / پُرسکون

lijep / ružan

خوبصورت / بدصورت

početak / kraj

آغاز / اختتام

veliki / mali

بڑا / چھوٹا

svijetlo / tamno

روشن / اندھیرا

brat / sestra

بھائی / بہن

čist / prljav

صاف / گندا

potpun / nepotpun

مکمل / نامکمل

dan / noć

دن / رات

mrtav / živ

زندہ / مُردہ

široko / usko

چوڑا / تنگ

ukusno / neukusno

کھانے کے قابل ہونا / کھانے کے قابل نہ ہونا

zao / prijatan

بُرا / اچھا

uzbuđen / dosadan

پُرجوش / بوریت کا شکار

debeo / mršav

موٹا / دُبلا

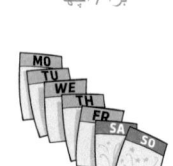

najprije / najkasnije

پہلا / آخری

prijatelj / neprijatelj

دوست / دُشمن

pun / prazan

بھرا ہوا / خالی

trvd / mekan

سخت / نرم

težak / lagan

بوجھل / ہلکا

glad / žeđ

بھوک / پیاس

bolestan / zdrav

بیمار / صحتمند

ilegalan / legalan

غیرقانونی / قانونی

inteligentan / glup

عقلمند / بیوقوف

lijevo / desno

بائیں / دائیں

blizu / daleko

نزدیک / دور

nov / polovan

نیا / پُرانا

ništa / nešto

کچھ نہیں / کچھ ہے

star / mlad

بوڑھا / نوجوان

uključeno / isključeno

آن / آف

otvoreno / zatvoreno

کھلا / بند

tiho / glasno

خاموش / بُلند آواز

bogat / siromašan

امیر / غریب

tačno / pogrešno

ٹھیک / غلط

hrapav / glatak

کھُردرا / ہموار

tužan / srećan

افسردہ / خوش

kratak / dug

مُختصر / طویل

spor / brz

آہستہ / تیز

mokro / suho

گیلا / خُشک

toplo / hladno

گرم / ٹھنڈا

rat / mir

جنگ / امن

0	**1**	**2**
nula	jedan	dva
صفر	ایک	دو

3	**4**	**5**
tri	četiri	pet
تین	چار	پانچ

6	**7**	**8**
šest	sedam	osam
چھ	سات	أٹھ

9	**10**	**11**
devet	deset	jedanaest
نو	دس	گیاره

12

dvanaest

باره

13

trinaest

تیره

14

četrnaest

چوده

15

petnaest

پندره

16

šesnaest

سوله

17

sedamnaest

ستره

18

osamnaest

اټهاره

19

devetnaest

أنیس

20

dvadeset

بیس

100

sto

سو

1.000

hiljada

بزار

1.000.000

milion

دس لاکه

engleski

انگريزی

američki engleski

امريکی انگريزی

kinesko mandarinski

چينی مينڈارين

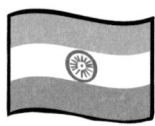

hindi

ہندی

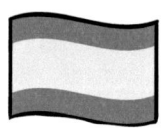

španski

ہسپانوی

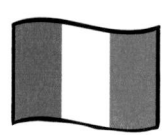

francuski

فرانسيسی

arapski

عربی

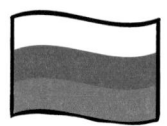

ruski

روسی

portugalski

پُرتگالی

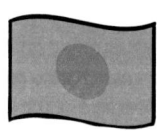

bengalski

بنگالی

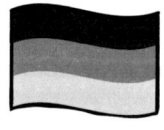

njemački

جرمن

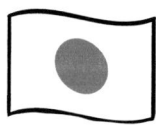

japanski

جاپانی

ja

میں

ti

تَم

♂ ♀ ⚲

on / ona / ono

وہ (لڑکا) / وہ (لڑکی) / یہ

mi

ہم

vi

تَم

oni

وہ

ko?

کون؟

šta?

کیا؟

kako?

کیسے؟

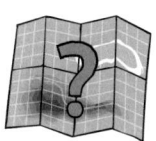

gdje?

کہاں؟

kada?

کب؟

HELLO, I AM

ime

نام

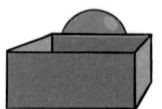

iza

پیچھے

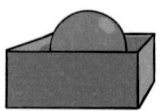

u

میں

pred

کے سامنے

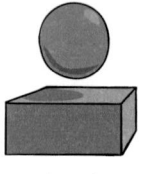

iznad

اوپر

na

پر

ispod

نیچے

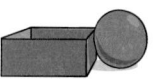

pored

ساتھ

između

درمیان

mjesto

جگہ